À LA RECHERCHE DU RÉEL PERDU

La liste des ouvrages publiés par l'auteur
se trouve en page 61.

Alain Badiou

# À la recherche du réel perdu

Ouvertures
Fayard

Couverture : Atelier Didier Thimonier
Illustrations de gauche à droite :
© Pete McArthur/Corbis ; Théâtre San Carlo
(Naples) © Deagostini/Leemage ; D.R.

ISBN : 978-2-213-68597-7

Aujourd'hui le réel, comme mot, comme vocable, est essentiellement utilisé de manière intimidante. Nous devons nous soucier constamment du réel, lui obéir, nous devons comprendre qu'on ne peut rien faire contre le réel, ou – les hommes d'affaires et les politiciens préfèrent ce mot – les réalités. Les réalités sont contraignantes et elles forment une sorte de loi, à laquelle il est déraisonnable de vouloir échapper. Nous sommes comme investis par une opinion dominante selon laquelle il existerait des réalités qui sont contraignantes au point qu'on ne peut imaginer une action collective rationnelle dont le point de départ subjectif ne soit pas d'accepter cette contrainte.

Je me demande alors devant vous : la seule réponse possible à la question « Qu'est-ce que le réel ? » doit-elle assumer, comme une évidence, qu'on ne puisse parler du réel qu'en tant que support d'une imposition ? Le réel n'est-il jamais trouvé, découvert, rencontré, inventé, mais toujours source d'une imposition, figure d'une loi d'airain (comme la « loi d'airain des salaires », ou la « règle d'or » qui interdit tout déficit budgétaire) ? Faut-il accepter comme une loi de la raison que le réel exige en toutes circonstances une soumission plutôt qu'une invention ? Le problème est que, s'agissant du réel, il est très difficile de savoir comment commencer. Ce problème tourmente la philosophie depuis ses origines. Où commence la pensée ? Et comment commencer de telle sorte que ce commencement ajuste la pensée à un réel véritable, un réel authentique, un réel réel ?

Pourquoi est-ce si difficile de commencer quand il s'agit du réel ? Parce qu'on ne peut commencer ni par le concept, l'idée, la définition, ni non plus commencer par l'expérience, la donnée immédiate ou le sensible. Commencer par la définition, le concept, l'idée, induit une construction dont il sera aisé de montrer qu'elle est le contraire de ce qu'elle croit être, qu'elle est une perte ou une soustraction du réel. Comment en effet puis-je rejoindre le réel, rencontrer l'épreuve du vrai réel, si je me suis justement installé de façon péremptoire dans ce qui accepte d'exister – au moins en apparence – sans épreuve du réel, à savoir justement l'idée, le concept, ou la définition ? La simple réalité du concept ne peut valoir comme une authentique épreuve du réel puisque précisément le réel est supposé être ce qui, en face de moi, me résiste, ne m'est pas homogène, n'est pas immédiatement réductible à ma décision de penser. Tout au plus puis-je prétendre formuler, avec un tel point de départ, une *hypothèse sur le réel*, mais non une présentation du réel lui-même. Ainsi la philosophie, exagérément rationnelle, ou tentée par l'idéalisme, manquerait de réel, parce que dans sa façon même de commencer, elle l'aurait raturé, oblitéré, dissimulé, sous des abstractions trop faciles.

Or, dès qu'on diagnostique ce manquement, ce défaut idéaliste d'une épreuve du réel, c'est le réel comme imposition qui va revenir. La puissance d'intimidation de l'usage du mot réel va arguer précisément du « concret ». Elle va s'opposer à la manie idéalisante, qu'on appelle en général aujourd'hui une utopie criminelle, une idéologie désastreuse, une rêverie archaïque... Tous ces noms stigmatisent la faiblesse de la thèse qui prétendrait commencer la quête du réel dans la figure de l'abstraction. À quoi on va opposer un vrai réel, authentique et concret : les réalités de l'économie du monde, l'inertie des rapports sociaux, la souffrance des existences concrètes, le verdict des marchés financiers... On va opposer tout cela, qui effectivement pèse lourd, à la manie spéculative, à l'idéocratie militante, qui – dira-t-on – nous a engagés au XX^e^ siècle dans tant d'aventures sanglantes.

Il y a une chose qui, de ce point de vue, joue aujourd'hui un rôle décisif, c'est la place qu'occupe l'économie dans toute discussion concernant le réel.

On dirait que c'est à l'économie qu'est confié le savoir du réel. C'est elle qui sait.

Il semble que nous ayons eu, il n'y a pas longtemps, maintes occasions de constater qu'elle ne savait pas grand-chose, l'économie. Elle ne sait même pas prévoir d'imminents désastres dans sa propre sphère. Mais ça n'a quasiment rien changé. C'est encore et toujours elle qui sait le réel et nous l'impose. C'est d'ailleurs un point très intéressant de constater que sa fonction auprès du réel a parfaitement survécu à l'incapacité absolue de l'économie non seulement de prévoir ce qui allait se passer, mais même de comprendre ce qui se passait. Il semble bien que, dans le monde tel qu'il est, le discours économique se présente comme le gardien et le garant du réel. Et tant que les lois du monde du Capital seront ce qu'elles sont, on ne viendra pas à bout de la prévalence intimidante du discours économique.

Ce qui est très frappant dans l'économie considérée comme savoir du réel, c'est que, même quand elle énonce – et elle y est parfois contrainte par l'évidence des faits – que son « réel » est voué à la crise, à la pathologie, éventuellement au désastre, tout ce discours inquiétant ne produit aucune rupture avec la soumission subjective au réel dont l'économie se targue d'être le savoir. Autrement dit, ce que l'économie considérée comme discours du réel dit, prévoit, ou analyse, n'a jamais fait que valider le caractère intimidant de ce fameux réel, et nous y reconduire. De telle sorte que lorsque ce réel paraît défaillir, se montrer comme une pathologie pure, dévaster le monde ou les existences, et que les économistes eux-mêmes finissent par en perdre leur latin, la souveraineté de cette intimidation par le réel économique non seulement n'est pas réellement réduite, mais s'en trouve augmentée. Les économistes et leurs commanditaires trônent de façon encore plus impériale qu'avant les désastres qu'ils n'ont pas su prévoir, et ne font que constater comme tout le monde, qu'après. Ce qui prouve bien que ce sont des gens qui ne se laissent pas destituer.

C'est une leçon extrêmement intéressante : l'économie comme telle ne nous enseigne d'aucune façon comment nous pourrions sortir de la conception intimidante et finalement oppressive du réel à laquelle cette économie dévoue son développement et la sophistication de sa « science » impuissante. C'est très important, parce que la question du réel est évidemment aussi la question de savoir quelle relation l'activité humaine, mentale et pratique, soutient avec ledit réel. Et en particulier s'il fonctionne comme un impératif de soumission ou s'il peut ou pourrait fonctionner comme un impératif ouvert à la possibilité d'une émancipation.

Disons que la question philosophique du réel est aussi, et peut-être surtout, la question de savoir si, étant donné un discours selon lequel le réel est contraignant, on peut, ou on ne peut pas, modifier le monde de telle sorte que se présente une ouverture, antérieurement invisible, par laquelle on peut échapper à *cette* contrainte sans pour autant nier qu'il y a du réel et de la contrainte.

Vous voyez immédiatement qu'on pourrait faire là une brève excursion du côté de mon cher Platon, parce que le motif de la « sortie » est un motif majeur de l'allégorie de la caverne. L'allégorie de la caverne nous représente un monde clos sur une figure du réel qui est une fausse figure. C'est une figure du semblant qui se présente pour tous ceux qui sont enfermés dans la caverne comme la figure indiscutable de ce qui peut exister. Peut-être est-ce là notre situation. Il se peut que l'hégémonie de la contrainte économique ne soit en définitive qu'un semblant. Mais le point n'est pas là. Le point que nous signifie Platon, c'est que pour savoir qu'un monde est sous la loi d'un semblant, il faut sortir de la caverne, il faut échapper au lieu que ce semblant organise sous la forme d'un discours contraignant. Toute consolidation de ce semblant comme tel, et tout particulièrement toute consolidation savante de ce semblant – comme l'est le discours de l'économie – ne fait qu'interdire qu'une sortie soit possible, et nous fixer plus encore à notre place de victimes intimidées par la prétendue réalité de ce semblant, au lieu de chercher et de trouver où est la sortie.

Tout ceci revient à dire que ce n'est pas du côté du primat d'un savoir savant tenu pour le dernier mot sur le réel que l'on peut ouvrir un accès libre à cette question. Tous les savoirs de ce genre, d'une manière ou d'une autre, convergent vers la maintenance de l'impossibilité d'une sortie, c'est-à-dire la maintenance d'une figure du réel manié comme intimidation et principe de soumission.

Faut-il alors dire que le réel ne se laisse appréhender que du côté de l'expérience, de la perception sensible, du sentiment immédiat, voire de l'émotion, ou même de l'angoisse ? C'est une longue tradition en philosophie. C'est dans ces termes, finalement, que Pascal entreprend de ruiner le rationalisme cartésien, que les empiristes s'en prennent à Leibniz, que Kierkegaard critique Hegel, ou que l'existentialisme remplace la vérité par la liberté. Pour Kierkegaard, Hegel a manqué le réel parce qu'il a cru que ce réel pouvait se dévoiler dans une vaste construction rationnelle, un discours savant dont le point de départ était des catégories pures, l'être, le néant, le devenir… Or il faut partir d'un tout autre point : la subjectivité comme telle, seule capable d'expérimenter et de décrire ce qu'est la *rencontre* du réel. Et cette expérience touche d'autant plus le réel qu'elle prend le risque de l'angoisse qu'on éprouve s'il vient à manquer ou, au contraire, à surabonder.

Bien entendu, la psychanalyse, dans la promotion qu'elle a faite, chez Lacan, du mot « réel », s'enracine explicitement dans cette tradition existentielle. Car on observe, dans la clinique, que – comme le répète le maître –, dès qu'il s'agit du réel, dès que tombent les défenses organisées par l'imaginaire, par le semblant, l'angoisse est à l'ordre du jour. Seule l'angoisse ne trompe pas, qui est une rencontre avec un réel si intense que pour s'y exposer le sujet doit en payer le prix.

L'objection que je ferai à cette vision, c'est que si quelque chose est totalement imprégné de la domination du réel comme intimidation ou comme soumission, c'est précisément notre expérience. Et c'est après tout ce que révèle la fonction de l'angoisse dans la psychanalyse, puisque le réel s'y montre comme ce qui, pour le sujet, est sans mesure. Mais s'il se montre ainsi, c'est sans doute qu'il n'est aucunement soustrait aux dispositifs d'intimidation qui proviennent de l'organisation du monde par l'activité humaine dominante, y compris son activité symbolique et savante.

En fait, le monde sensible – notre monde – n'a aucune nudité particulière, il est totalement pétri et constitué par des relations qui renvoient immédiatement à la dictature de la figure du réel dont je suis parti. Par conséquent on pourra soutenir que se confier purement et simplement à l'immédiat sensible, aux sentiments, à l'émotion et à la rencontre va en réalité consolider cette fois non pas le régime académique ou prétendument scientifique d'un savoir sur le réel, mais tout bonnement ce que « réel » veut dire dans les opinions dominantes. Cela va simplement nous reconduire au fait que notre perception, notre rencontre du réel, ce que nous prenons pour notre spontanéité libre et indépendante sont en réalité structurées de part en part par la figure du monde tel qu'il est, c'est-à-dire un monde soumis à l'impératif du réel comme intimidation. On va donc avoir, non pas un renvoi à un savoir aliéné dans l'objectivité intimidante, comme dans la première hypothèse, mais une opinion qu'on ne pourra pas différencier de l'expérience immédiate du réel dans un monde qui est précisément structuré par la dictature d'un concept du réel comme intimidation.

Il y a sur ce point quelque chose de très éducatif, c'est la fonction dans notre monde du scandale. Le scandale se présente toujours comme la révélation d'un petit bout de réel. On apprend un jour, par notre média préféré, qu'un tel est allé chez un tel et en est ressorti avec une valise de billets de banque. Nous avons tous alors l'impression irrépressible de toucher quelque chose de plus réel que ce que tous ces gens racontent d'habitude. Le scandale est précisément ce qui va, en termes d'opinion, ouvrir la porte à une sorte de dévoilement d'un coin de réel, mais au prix que ce fragment soit immédiatement traité comme une exception. Une scandaleuse exception.

S'il n'y avait pas cette touche d'exception, il n'y aurait pas non plus de scandale. Si l'on savait que tout le monde va nuitamment avec des valises chercher des billets de banque chez les gens riches, nulle gazette ne pourrait faire frémir son public en le révélant. La structure du scandale renvoie en réalité à notre deuxième conception du réel, la vision empiriste et existentielle : c'est parce qu'on est tombé, de façon immédiate et sensible, sur un petit coin de réel, que l'on va pouvoir s'éduquer et éduquer les autres dans la direction d'une opinion libre et bien fondée sur le réel.

Or la vérité est qu'il n'y a aucune liberté nouvelle dans le scandale, car il fait partie de l'éducation générale et permanente à la soumission. La seule leçon tirée du scandale, c'est en effet qu'il faut réduire et punir cette exception désastreuse. C'est donc en définitive l'occasion pour tout le monde de déclarer sa soumission au concept général du réel tel qu'il fonctionne, étant entendu qu'il y a bien sûr des exagérations, des pathologies marginales, qui sont scandaleuses.

Un symptôme intéressant de notre société, c'est que le scandale est en général un scandale de corruption. C'est son nom essentiel. Il est assez curieux que la corruption fasse scandale, car l'on pourrait soutenir que la société est corrompue de A jusqu'à Z. On pourrait même soutenir que la corruption est sa loi intime, et que c'est pour dissimuler cette corruption systémique, et tout à fait réelle, que le scandale désigne ce qui est, finalement, une sorte de bouc émissaire. Dans une société qui accepte ouvertement, explicitement et de façon il faut le dire largement consensuelle, que le profit soit le seul moteur viable pour faire fonctionner la collectivité, on peut dire que la corruption est à l'ordre du jour de façon immédiate. Puisque si gagner le plus d'argent possible est la norme, il deviendra difficile de dire qu'il n'est pas vrai que tous les moyens sont bons. Car de quelle autre norme, de quelle norme rêveuse, pourrait-on se servir pour normer la norme véritable qui est celle du profit ? On pourrait rétorquer qu'il y a des lois, mais on voit bien que tout cela est nécessaire pour que la figure générale des choses, c'est-à-dire la figure du réel auquel nous sommes adossés, se perpétue. C'est pourquoi de temps en temps il est nécessaire qu'il y ait un scandale, non pas du tout comme révélation du réel, mais comme mise en scène d'un tout petit bout de réel lui-même *dans le rôle d'une exception au réel.*

L'unique force du scandale réside ainsi dans la théâtralisation d'un minuscule fragment du réel en tant que dénégation de ce réel lui-même. De façon générale, le théâtre pourrait jouer un grand rôle dans cette investigation sur le réel, et j'en dirai un mot tout à l'heure. Mais voyez le rythme du scandale : il y a des péripéties, de nouvelles découvertes, des complices, des complots, etc. Le « coup de théâtre » du scandale est évidemment partie intégrante de sa nature, ce qui s'éclaire très facilement si l'on comprend qu'il s'agit en fait de faire fonctionner un bout de réel comme s'il était une exception au réel, et de le donner en pâture exceptionnelle à la visibilité générale de l'opinion pour qu'elle retourne fondamentalement à sa soumission, à ce qui au fond est la loi du monde : l'omniprésence de la corruption.

Remarquons au passage que le sport est aujourd'hui une grande victime du scandale. Il est philosophiquement intéressant de se demander pourquoi il y a tant de scandales dans le sport. C'est que le sport est comme une sorte de vitrine ouverte sur l'exception scandaleuse. Il a lieu en public et pour le public. D'où le fait que le scandale, qui est toujours une sorte d'exposition publique de ce qui devrait rester caché, est particulièrement, si je puis dire, à son aise dans le sport, lequel ne cesse de faire parade de ses vertus : l'effort, l'abnégation, la souffrance acceptée, la loyauté dans la concurrence, la performance indiscutable, le succès pleinement mérité... Que serait le sport sans la constante exhibition publique de ces rares qualités, dont on propose presque toujours de les transmettre aux jeunes générations par l'exercice et l'admiration des exercices physiques de toute nature ? Alors, quand vous apprenez que des milliers de matchs de foot sont truqués pour que des parieurs camouflés puissent toucher des sommes mirobolantes, que tel vainqueur du tour de France était shooté jusqu'aux oreilles et qu'on le destitue de ses sept victoires – ce qui est au passage une opération juridiquement extraordinaire –, ou qu'on met sur la table des questions comparatives, comme celle qui demande si le tennis est plus au moins corrompu que le rugby américain, que penser ? Sans doute que le scandale est ici à sa place, puisque le sport rassemble les gens pour le regarder, et que le trucage ou le dopage font que le spectacle est un pur semblant. C'est un réel à ciel ouvert, ce n'est pas comme ceux qui rasent les murs la nuit avec des mallettes de billets destinés à assurer leur élection, c'est une chose que tout le monde a suivie et regardée, au bord des routes, dans les stades ou à la télévision. Dans le sport, en dépit de la difficulté des enquêtes et de la mauvaise volonté des fédérations, on trouve une sorte de forme publique de la corruption générale.

Mais vous remarquerez que pourtant, même dans ces conditions, ce qui va dominer est l'idée que, bien entendu, la « très grande majorité » des sportifs sont loyaux et sans taches, et que tous les efforts sont faits pour que, au-delà des exceptions scandaleuses, le sport soit ramené à son être incorruptible. Alors qu'en réalité si l'on est dans les coulisses du sport, on sait que c'est un domaine particulièrement corrompu, tout simplement parce que l'argent qui y circule est bien trop considérable pour être innocent. C'est un point qu'il faut toujours avoir à l'esprit : là où il y a beaucoup d'argent il y a de la corruption, parce que dès que l'argent circule de façon trop massive, il n'assure la fluidité requise de cette circulation qu'en débordant largement sur les côtés…

Tout cela pour conclure que s'agissant du réel, on ne peut pas commencer par une définition rigide qui se construirait philosophiquement à distance de toute épreuve effective, mais on ne peut pas non plus commencer par se laisser prendre à l'idée d'une rencontre sensible de l'exception, qui nous ouvrirait tout à coup la porte du réel. Ni l'arrogance du concept, ni la provocation du scandale ne portent en eux-mêmes une révélation du réel. Il faut s'y prendre autrement. Il faut marcher en crabe, ou construire des diagonales, pour approcher le réel dans un processus à chaque fois singulier. C'est ce que je vais tenter de faire en ordonnant les choses de la manière suivante : 1) une anecdote ; 2) une simple maxime théorique, une définition ; 3) un poème.

## I. L'ANECDOTE

C'est une anecdote très connue puisqu'il s'agit de la mort de Molière. Comme vous le savez tous, Molière meurt alors qu'il est en train de jouer le *Malade imaginaire*. Vous voyez là se pointer une fable, car il meurt d'une maladie bien réelle, lui. Cette maladie réelle, celle qui est nommée « la mort de Molière », se découvre à l'intérieur, ou à propos, ou dans les conditions d'une maladie qui est non seulement jouée, mais qui déjà à l'intérieur du jeu est présentée comme imaginaire. Nous avons ici – et notez qu'il s'agit encore de théâtre et de théâtralisation – une sorte de frottement tout à fait particulier du réel et du semblant. La maladie mortelle qui va emporter Molière se manifeste au cœur même du semblant, c'est-à-dire au moment où Molière est en train de jouer réellement – parce que le jeu en tant que jeu prend part au réel – le semblant de la maladie. C'est d'autant plus frappant qu'il a fallu emporter Molière évanoui hors de scène, la représentation est partie en débâcle, les spectateurs, tout à coup confrontés à cette mort réelle qui se surimposait à la maladie imaginaire, ont été très atteints.

Quelle est pour nous la leçon de cette dialectique vivante qui s'empare de la mort ? Dans cette anecdote, le réel, c'est *ce qui déjoue le jeu*. Ou le réel, c'est le moment où le semblant est plus réel que le réel dont il est le réel : le malade imaginaire est joué par un malade réel, et la mort de l'un emporte l'impossibilité de la mort de l'autre. Il y a là une dialectique du semblant et du réel qui est tout à fait intéressante, parce que le réel surgit avec une violence extraordinaire, au point même de son semblant, au point même où c'est d'un malade imaginaire qu'il s'agit.

Disons alors ceci : le réel, dans ce cas, c'est *ce qui vient hanter le semblant*. La mort vient frapper le personnage du malade imaginaire, tel que l'acteur réel Molière l'incarne sur scène, et le réel vient aussi hanter non seulement ce semblant-là – le personnage du malade imaginaire – mais aussi le semblant de ce semblant, c'est-à-dire l'acteur Molière, faisant semblant d'être le malade imaginaire, c'est-à-dire faisant semblant d'être le semblant de la maladie. Il est évidemment très frappant de voir que celui qui fait semblant d'être le semblant de la maladie meurt d'une maladie réelle. Tentons une généralisation de cette anecdote qui indique une relation dialectique étroite et difficile entre le réel et le semblant. On pourrait dire par exemple que tout réel s'avère dans la ruine d'un semblant. Ce serait soutenir qu'il n'y a pas d'accès intuitif direct au réel, qu'il n'y a pas non plus d'accès conceptuel direct au réel, mais qu'il y a toujours cette nécessité indirecte que ce soit dans la ruine d'un semblant que le réel se manifeste. Autrement dit – je continue ici les métaphores théâtrales – le réel n'est acquis que si on le démasque. Le réel – tout comme le philosophe d'après Descartes – s'avance masqué. Donc il faut le démasquer. Mais vous voyez qu'il faut le démasquer en même temps qu'on tient compte du réel du masque lui-même. Molière meurt, et quoi de plus réel que la mort ? Il fait ainsi surgir le fait que la maladie imaginaire, c'est très plaisant au théâtre, à ceci près qu'il y a aussi la maladie réelle. Cependant, il faut noter que ce surgissement du réel se fait non seulement à partir du semblant qu'est la maladie imaginaire, mais aussi à partir de ce que lui-même, ce Molière qui va réellement mourir, est en tant qu'acteur le porteur réel de ce semblant.

Ainsi le réel serait toujours quelque chose que l'on démasque, auquel on arrache son masque, ce qui veut dire que ce serait toujours au point du semblant qu'il y aurait une chance de trouver le réel, étant entendu qu'il faut bien aussi qu'il y ait un réel du semblant lui-même : que le masque existe, qu'il soit un masque réel. Et donc on aboutit à la conclusion très singulière qu'en définitive tout accès au réel – l'expérience du spectateur qui voit tout cela dans un théâtre au XVII^e siècle, ou plus généralement quiconque fait l'expérience du réel pour son propre compte –, c'est toujours qu'un masque soit arraché, acte qui cependant, s'il institue activement la distinction entre le réel et le semblant, doit aussi assumer qu'il y a un réel du semblant, qu'il y a un réel du masque.

On en vient par ces chicanes à l'énoncé important que voici : *tout accès au réel en est la division*. Il n'y a pas le réel qu'il s'agirait d'épurer de ce qui n'est pas lui, puisque tout accès au réel est immédiatement, et de façon nécessaire, une division, non pas seulement du réel et du semblant, mais du réel lui-même, au vu de ce qu'il y a un réel du semblant. C'est l'acte de cette division, par lequel le semblant est arraché et en même temps identifié, que l'on peut décrire comme étant le processus d'accès au réel.

Pirandello a travaillé sur cette division du réel au point d'en faire le sujet principal de mainte de ses pièces. Et lorsqu'on a publié de son vivant la première édition de son théâtre, il a voulu l'appeler « Masque nu ». C'est un peu une récapitulation de ce que nous sommes en train de dire : le masque doit être arraché en tant que semblant, mais afin d'accéder au réel nu – dé-masqué –, il faut aussi reconnaître la nudité du masque, il faut tenir compte du fait que le masque lui-même exige qu'on le tienne pour réel. Et c'est cela qui dans *Six personnages en quête d'auteur* ou *Henri IV* constitue le sujet de ses pièces. C'est une excellente éducation sur la question du réel que de lire les pièces de Pirandello, parce que c'est exactement la question dont il s'agit : quel réel ? C'est la question que posent ces pièces, avec d'ailleurs des conclusions variables – comme sont variables en philosophie les conclusions sur le rapport entre réel et semblant, ou entre essence et apparence. Pirandello circule dans son théâtre à partir d'une première hypothèse, selon laquelle il n'y a pas de réel du tout, puisque tout masque est le masque d'un masque, en sorte qu'ôter un masque nécessiterait d'en ôter un autre, sans finalement jamais arriver au réel nu, puisque c'est le masque lui-même qui est nu, c'est le semblant lui-même qui est réel. Mais il ouvre à partir de là d'autres perspectives, plus optimistes, dans lesquelles à travers le semblant, le semblant de réel et le réel du semblant, quelque chose de véritablement réel vient s'affirmer.

Si je tente d'appliquer ces remarques à la situation contemporaine, cela reviendrait à se demander quel est le masque de notre réel, et donc, quel est le semblant propre du capitalisme impérial mondialisé, sous quel masque il se présente qui interdit que son identification le divise, quel est le masque à la fois si réel et si éloigné de tout réel qu'il est presque impossible de l'arracher ?

Alors je suis désolé d'avoir à dire ici que le semblant contemporain du réel capitaliste, c'est la démocratie. C'est son masque. J'en suis désolé parce que le mot « démocratie » est un mot admirable, et qu'il faudra le reprendre et le redéfinir, sous une forme ou sous une autre. Pour le moment, la démocratie dont je parle, c'est celle qui fonctionne dans nos sociétés de façon institutionnelle, étatique, régulière, normée. On pourrait dire – pour reprendre la métaphore de la mort de Molière – que le capitalisme, c'est ce monde qui est constamment en train de jouer une pièce dont le titre est « La démocratie imaginaire ». Et elle est bien jouée, c'est la meilleure pièce dont le capitalisme soit capable. Les spectateurs et les participants en général applaudissent plus ou moins. En tout cas c'est un rite auquel on les convoque et auquel ils se rendent, mais tant que cette pièce dure, c'est bien la démocratie imaginaire qui est jouée, et par en dessous c'est bien le procès mondialisé du capitalisme et du pillage impérial qui se poursuit, avec son réel impalpable et dont la description ne sert à rien. Tant que cette pièce dure et qu'un vaste public l'apprécie, le réel du capitalisme, c'est-à-dire la capacité de le diviser, de le contraindre à une scission de lui-même qui soit active et qui promette sa dissipation, sa destruction, demeure politiquement inaccessible. Parce que si cette pièce est la pièce du semblant démocratique, si elle est le masque qui accorde au capitalisme impérial contemporain la couverture qu'il exige, et si par ailleurs aucune possibilité d'arracher ce masque, d'interrompre cette pièce de théâtre, n'est à l'ordre du jour, alors quelque chose reste politiquement inaccessible pour toute entreprise politique d'accès au réel nu.

L'accès au réel du capitalisme impérial contemporain – nommé aussi Occident, monde démocratique, communauté internationale, État de droit..., les noms ne font pas défaut –, l'accès à tout cela ne peut se faire que par une division constitutive de caractère politique. Or ce que nous constatons, c'est que la pièce rend possible à cet égard uniquement de fausses divisions, dont chez nous la plus connue est la distinction gauche/droite. Observez bien la gauche aujourd'hui, observez-la comme si vous assistiez à la pièce de la démocratie imaginaire, qui est *la* pièce, l'unique pièce qui soit au répertoire. En tout cas il n'y en a pas d'autres qui soient jouées, du moins à cette échelle-là, celle de l'État, celle de la nation, celle du monde dévasté par le capitalisme. Dieu merci, il existe ici ou là de petits théâtres expérimentaux qui jouent d'autres pièces, mais ce serait entrer dans un autre chapitre. Que voyez-vous ? Lorsque le gouvernement décide de donner 20 milliards au patronat, sans compensation aucune, il joue la pièce avec conviction. Mais il ne faut pas en faire une pathologie, il est là pour ça ! Que diable pourrait-il faire d'autre ? C'est comme si tout à coup au milieu d'une pièce de théâtre un acteur se levait pour dire qu'il en a assez de jouer cette pièce et qu'il veut en jouer une autre ! C'est d'ailleurs ce qu'a fait Molière, parce que quand il meurt au milieu de la pièce, c'est une autre pièce qui se joue...

Le réel étant toujours ce qui se découvre au prix que le semblant qui nous subjugue soit arraché, comme ce semblant fait partie de la présentation même du réel caché, j'ai proposé d'appeler « événement » cet arrachage du masque, parce que ce n'est pas quelque chose qui est interne à la représentation elle-même. Cela survient d'ailleurs, un ailleurs intérieur, si l'on peut dire, même si cet ailleurs est difficilement situable et malheureusement souvent improbable.

Ma dernière remarque à propos de l'anecdote de Molière sera que si le réel n'est accessible qu'en tant qu'arrachage de son semblant propre, alors il y a nécessairement une certaine dose de violence dans l'accès au réel. Cette violence, dans l'anecdote de la mort de Molière, est massivement présente : l'acteur s'effondre, crache du sang, etc. Certes, c'est une métaphore. Elle indique – sans rien démontrer – qu'il y a inévitablement une dose de violence, parce que le rapport du semblant au réel fait partie du réel. Si bien qu'en arrachant le masque, vous divisez le réel, vous ne le laissez pas intact en face de vous. Tout accès au réel lui porte atteinte, par la division inéluctable qu'en le démasquant on lui inflige.

Voilà pour ce qui est de l'anecdote.

## II. LA DÉFINITION

Pour la sentence, je vais l'emprunter à l'un de mes maîtres, Jacques Lacan, qui, n'y allant pas par quatre chemins, a proposé tout de go une *définition* du réel, certes un peu sournoise, qui est : *le réel est l'impasse de la formalisation.*

Au point où nous en sommes, que pouvons-nous faire de cette formule ? Je ne veux pas partir du concept, donc il faut partir d'un exemple, et ce sera l'arithmétique élémentaire. Quand vous comptez, que vous multipliez ou additionnez, chose courante, convenons de dire que vous êtes, de façon pratique, dans la formalisation arithmétique. Votre calcul est toujours fini : tout calcul s'achève en effet par ce que l'on appelle son résultat, vrai ou faux. Donc vous êtes dans une formalisation, qui est réglée (il y a des règles d'addition, ce sont celles que l'on enseigne aux enfants), qui est finie, et de l'intérieur de ce formalisme il y a une activité particulière, qui est le calcul.

Mais en réalité il y a dans cette affaire un point qui n'est pas tout à fait explicite, et qui est le suivant : quand vous calculez sur des nombres, vous êtes convaincu que le résultat est un nombre. Il n'y a pas le moindre doute là-dessus : si vous additionnez des nombres vous obtenez un nombre. Ce qui suppose évidemment que *quelle que soit la durée du calcul fini, vous allez toujours trouver un nombre.* Ce qui exige qu'il n'y ait pas de dernier nombre. Ce serait absolument contraire à la liberté du calcul.

Par conséquent, quelque chose dans cette affaire est in-fini. Quelque chose – la suite des nombres – n'a pas de fin. Mais cet infini, qui fonctionne de façon cachée dans le calcul fini lui-même, cet infini, n'est pas un nombre, parce que dans l'arithmétique, il n'y a pas de nombre infini, cela n'existe pas. Donc le réel de l'arithmétique finie exige qu'on admette une infinité sous-jacente qui fonde le réel du calcul quoique en impasse de tout résultat possible de ce calcul même, lequel ne produit que des nombres finis.

C'est en ce sens qu'on peut dire que le réel des nombres finis de l'arithmétique élémentaire est un infini sous-jacent, inaccessible à cette formalisation, et qui est donc bien son impasse. Lacan a parfaitement raison.

Essayons de généraliser. Dans l'exemple arithmétique, un infini caché est une condition du calcul fini, mais en même temps il ne peut pas être calculé, et donc il ne peut pas figurer « en personne » dans la formalisation où le calcul opère : le nombre en effet, selon la formalisation qui l'inscrit dans un calcul, soit comme ce sur quoi on calcule, soit comme résultat du calcul, est essentiellement fini. Par conséquent on dira que *le réel c'est le point d'impossible de la formalisation*. Cela veut dire que ce que la formalisation rend possible – à savoir, dans notre exemple, calculer sur des nombres – n'est possible que par l'existence implicitement assumée de ce qui *ne peut pas* s'inscrire dans ce type de possibilité. Il s'agit donc d'un « point de pensée » qui, quoiqu'il soit astreint à demeurer inaccessible pour les opérations que la formalisation rend possibles, n'en est pas moins l'ultime condition de la formalisation elle-même.

Nous pouvons alors dire qu'on atteint le réel, non par l'usage de la formalisation – puisque justement il en est l'impasse –, mais quand on explore ce qui est impossible pour cette formalisation. Comprenons cependant qu'il ne s'agit pas d'une impossibilité générale, mais du « point » précis qui est l'impossible d'une formalisation déterminée. Quel est le point précis qui est impossible dans l'arithmétique des nombres naturels ? C'est le nombre infini. En tant que nombre, il est lié organiquement à la formalisation arithmétique, en tant qu'infini, il en est l'impossible propre. Ainsi le nombre infini comme impossible est le réel de l'arithmétique.

On pourrait mettre en avant des références convaincantes dans d'autres domaines, car cette doctrine est très forte. Par exemple, on pourrait se demander quel est le réel des images cinématographiques. On pourra alors soutenir – comme cela a depuis longtemps été fait, par exemple dans l'ontologie de l'image proposée par André Bazin – que le réel d'une image cinématographique, c'est ce qui est hors champ. L'image tient sa puissance réelle de ce qu'elle est prélevée sur un monde qui n'est pas dans l'image mais qui en construit la force. C'est pour autant que l'image se construit à partir de ce qui est hors image qu'elle a des chances d'être réellement belle et forte, bien que le cinéma ne soit composé – calculé – que selon ce qui circonscrit l'image dans un cadre, et que donc le monde laissé hors champ soit précisément ce qui n'est pas filmé, ce qu'il est impossible de faire entrer tel quel dans l'image cadrée. De même que le nombre infini est le réel de l'arithmétique, de même le hors champ est l'infini propre de l'image cinématographique. Mais c'est aussi son impossible, puisque par définition l'infinité du monde ambiant n'est jamais capturée par l'image.

Tout ceci revient à dire qu'on peut accéder à un réel si l'on découvre quel est l'impossible propre d'une formalisation.

Parvenu à ce point, il est intéressant de se demander quel est le réel de la politique. Eh bien, c'est le point qui, si on se réfère au cadre de la formalisation existante de la politique, c'est-à-dire la politique telle que l'État la prescrit – la politique constitutionnelle, la politique autorisée –, est rejeté dans l'impossibilité latente de son pouvoir réel. C'est exactement ce que veut dire Marx quand il dit que le réel de la politique révolutionnaire, c'est le dépérissement de l'État. Il dit simplement, à sa manière, que dans le champ politique, le hors-champ, c'est ce qui est hors État, ce qui n'est pas sous la contrainte de ce que l'État admet comme possibilité. Marx pense que d'un point de vue stratégique, si on considère l'histoire totale de l'humanité jusqu'à nos jours, il faut dire que l'impossible propre de la politique étant prescrit par ce qui est en dehors de l'État, la réalisation réelle de la politique est le processus de disparition de l'État. C'est là qu'est, sous le nom de communisme, l'infini propre de la politique. L'État n'est jamais que la finitude calculable de la politique, dont le communisme est en quelque sorte le nombre infini.

Une objection triviale, mais constante, est la suivante : si l'accès au réel est le point d'impossible, il faut bien que toucher au réel, y accéder, suppose qu'on puisse transformer cet impossible en possibilité. Ce qui semble précisément impossible. Mais justement, cette possibilisation de l'impossible n'est conceptuellement impossible qu'au regard de la formalisation concernée, le calcul des nombres, le cadrage au cinéma, l'État en politique. C'est donc un point *hors formalisation* qui seul donne accès au réel. C'est pourquoi il s'agit non pas d'un calcul interne à la formalisation, *mais d'un acte* qui fait momentanément s'évanouir la formalisation au profit de son réel latent. Ce qui veut dire que cet accès exige, dans un premier temps, que soit détruite la puissance de la première formalisation. Si vous voulez faire entrer l'infini dans les mathématiques, vous ne pouvez pas vous contenter de l'arithmétique élémentaire. Il va falloir admettre qu'il y a des ensembles infinis, qui ne sont pas arithmétiques du tout, il va falloir la théorie des ensembles de Cantor. Tout de même qu'au cinéma, il faut que le metteur en scène de génie fasse voir dans l'image ce qui n'y est pas, détruisant ainsi la contrainte du cadre. En politique, comme vous le savez, le nom de cette destruction est : révolution. Dans une révolution, le formalisme légal de l'État est, à tout le moins, suspendu.

Le processus d'accès au réel – que j'appelle dans mon jargon philosophique une procédure de vérité – est toujours en train de détruire une formalisation partielle, parce qu'il fait advenir l'impossibilité particulière et ponctuelle de cette formalisation.

Quelles conclusions ?

Premièrement, il n'y a de conquête du réel que là où il y a une formalisation – car si le réel est l'impasse de la formalisation, encore faut-il qu'il y ait une formalisation –, donc il n'y a pas d'espoir de conquérir le réel en dehors de l'existence d'une formalisation, d'un agencement, d'une forme. Le réel suppose qu'ait été pensée et construite la forme apparente de ce dont un réel déterminé est le réel caché.

Deuxièmement, l'affirmation du réel comme impasse de cette formalisation va être pour part la destruction de cette formalisation. Ou disons sa division. Et tout va commencer par une affirmation inacceptable du point de vue de la formalisation elle-même, laquelle prescrit ce qui est possible, à savoir *l'affirmation que l'impossible existe.*

C'est là le geste fondamental de conquête du réel : déclarer que l'impossible existe. Il y a un homme politique autrefois célèbre qui a dit que la politique était l'art du possible, mais il est clair que c'est l'art de l'impossible, si du moins il s'agit d'une politique réelle. L'art du possible, c'est la politique comme semblant. Cela a ses vertus parce que cela promet d'économiser la destruction. Mais si vous voulez la politique en tant que politique du réel, il faut affirmer l'existence de l'impossible, et cela peut avoir des conséquences fâcheuses sur la formalisation dont c'est l'impossible propre.

Tentons d'appliquer tout cela à la situation contemporaine du monde des hommes. Il est clair que la formalisation majeure de notre existence collective, c'est le capitalisme parvenu à sa forme suprême, qui est l'impérialisme planétaire. Et son point d'impossible propre, c'est l'égalité. Pourquoi ? Parce que le capitalisme est totalement rebelle à l'éradication de la propriété privée, sur laquelle il repose, et que l'accumulation de la propriété privée produit nécessairement des inégalités énormes. D'ailleurs l'inégalité est constamment revendiquée par le capitalisme comme une nécessité naturelle, et l'égalité est par lui qualifiée d'utopie conduisant au crime, ce qui revient à dire qu'elle est « humainement » impossible. Cela a été clarifié depuis longtemps, depuis la Révolution française peut-être : le point d'impossible propre du capitalisme c'est l'égalité. L'affirmation effective de ce point d'impossible, l'affirmation que ce point doit être l'origine de toute pensée politique neuve, est ce que mon ami Rancière appelle l'axiome de l'égalité. En tant que point d'impossible, l'égalité ne saurait être un résultat que si elle est déclarée comme principe. Mais ce principe, dans l'ordre pratique, se paie nécessairement d'une scission destructrice du capitalisme impérial.

Je disais tout à l'heure que c'était pour indiquer le réel de tout ensemble social que Marx avait parlé de l'abolition de l'État. Mais maintenant nous voyons très bien la raison pour laquelle, à la fin du *Manifeste du parti communiste*, Marx déclare que tout le programme d'un parti communiste se ramène à une seule maxime : abolition de la propriété privée. L'accès au réel du capitalisme, ce n'est pas analyser le capitalisme, en faire la science, ce qui est fort utile, mais que les économistes bourgeois font fort bien. L'accès au réel du capitalisme, c'est l'affirmation de l'égalité, c'est décider, déclarer, que l'égalité est possible, et la faire exister autant que faire se peut par l'action, l'organisation, la conquête de lieux nouveaux, la propagande, la construction, dans des circonstances disparates, de pensées nouvelles, l'insurrection et la guerre s'il le faut.

Même sous des formes très limitées, tout processus « réellement » égalitaire va infliger des blessures graves au principe constitutif de la formalisation capitaliste du monde, qui est que tout individu a le droit illimité de cumuler des richesses. L'essence du communisme consiste à affirmer l'existence de la possibilité, considérée comme impossible du point de vue du capitalisme, de venir à bout de l'inégalité constitutive que la propriété rend inévitable. Le communisme est en ce sens le nom du seul processus existant de mise au jour effective du réel du capitalisme.

## III. LE POÈME

Le poème dont je vais partir est un poème de Pasolini, le grand cinéaste italien – je l'appelle ainsi parce qu'il est aujourd'hui surtout connu comme cinéaste –, et ce poème a pour titre « Les cendres de Gramsci ».

Un mot tout de même sur Pier Paolo Pasolini, un petit peu moins connu que Molière. Il a été connu comme cinéaste, mais aussi par sa vie extraordinairement tourmentée, qui s'est terminée par une mort atroce : un meurtre dans un terrain vague au bord de la mer, meurtre lié aux formes radicales et dangereuses du désir. Déjà dans cette vie même de Pasolini s'indique ce que j'appellerais le tourment solitaire d'une recherche désespérée du réel. Avec Pasolini, nous entrons dans une autre approche du réel qui est la subjectivation proprement dite.

Il y avait chez Pasolini une pensée extrêmement violente et un désir illimité. Et la combinaison de cette pensée violente et de ce désir illimité l'a mis en porte-à-faux du monde tel qu'il était, à tel point qu'il se tenait personnellement tout près du point d'impossible. Et sa poésie, plus que le cinéma ou la prose, témoigne de cette proximité au point d'impossible du monde.

Pasolini est un très grand poète, certainement l'un des plus grands des décennies qui vont des années 1940 à la fin des années 1960, de la guerre mondiale au soulèvement de la jeunesse des années 1960. C'est aussi la période qui va de la solidité du communisme stalinien à son discrédit total et à son effondrement. Et c'est la raison pour laquelle Pasolini se demande – c'est le sujet de ses poèmes, qui sont souvent des constructions gigantesques et très subjectivées – ce qu'est le réel de l'Histoire. C'est sa question.

Vous savez que l'essayiste américain Fukuyama a soutenu récemment la thèse selon laquelle le réel de l'Histoire est qu'elle soit parvenue à sa fin. C'est une thèse considérable, qu'on peut nourrir d'un certain héritage hégélien plus ou moins déformé et incompris, mais qui dans tous les cas est bien une thèse sur le réel de l'Histoire. Elle consiste à dire que nous pouvons maintenant savoir ce qu'aura été ce réel, parce que, avec le capitalisme mondialisé et l'État démocratique, on a trouvé une formule capable d'obtenir un tel consentement général qu'elle rend en fait inutile les conflit historiques, entre classes ou entre nations, et donc finalement l'Histoire elle-même.

Ce qui est pour nous très intéressant, c'est que dès les années 1950, Pasolini a soutenu une thèse voisine. Il a soutenu à tout le moins qu'une certaine histoire avait pour réel d'être en train de s'achever. Peut-être avait-il poétiquement raison. Peut-être est-il justifiable aujourd'hui de penser, non pas que l'Histoire est finie, ce qui n'a aucun sens, mais que nous sommes si proches du point d'impossible d'une certaine histoire – d'une forme singulière d'historicité –, donc de son point réel, qu'il se pourrait que nous basculions dans sa fin. Peut-être sommes-nous au point où l'histoire, telle que nous l'avons connue et pratiquée, va se diviser à l'épreuve de son réel, et ainsi se défaire. Peut-être que l'Histoire – notre histoire, celle que savons raconter – va s'ouvrir comme fait la terre lors des grands séismes. Nous pourrons alors repartir, dotés d'un certain accès au réel de notre histoire, lequel aura été l'opérateur de division, non finalement de l'Histoire, mais de notre historicité singulière, celle qui, en définitive, tourne autour de la pérennité des États.

Pasolini dit quelque chose de ce genre. Il ne le dit pas comme Fukuyama, qui s'assoit confortablement dans le fauteuil de la civilisation contemporaine. Il le dit dans un tourment terrible, le tourment de celui qui endure l'expérience de ce réel divisé devenu mortifère.

Le poème « Les cendres de Gramsci » date de 1954. Il y a dans ce poème une puissance prophétique extraordinaire. À y regarder de près, on voit qu'il n'y a que deux choses dans l'activité des hommes qui soient prophétiques : la poésie et les mathématiques. Les mathématiques, parce qu'elles inscrivent formellement, voire démontrent, l'existence de relations et d'objets dont on ne pouvait même pas, avant les formalismes mathématiques, imaginer qu'ils puissent exister. Or ces relations et ces structures s'avèrent plus tard absolument indispensables pour penser le moindre mouvement du moindre morceau de matière. La poésie, parce que tout grand poème est le lieu langagier d'une confrontation radicale avec le réel. Un poème extorque à la langue un point réel d'impossible à dire.

Vous remarquerez d'ailleurs que mathématiques et poésie nomment les deux extrémités du langage :

les mathématiques du côté du formalisme le plus transparent, et la poésie au contraire du côté de la puissance la plus profonde, et souvent la plus opaque.

Revenons au poème de Pasolini, « Les cendres de Gramsci ». Gramsci a été un des fondateurs et dirigeants du Parti communiste italien. Il a passé une bonne partie de sa vie dans les prisons fascistes. Il est une figure tutélaire du communisme européen, un penseur marxiste très original. Par conséquent le titre « Les cendres de Gramsci » annonce déjà que, du réel dont Gramsci a été l'agent ou le témoin, nous savons qu'il ne reste plus que les cendres.

Le poème a pour décor un cimetière. Si l'on est à la recherche du réel comme division et mort d'une figure antérieure de la formalisation politique, le cimetière est un bon endroit pour y voir clair. Il y a très longtemps d'ailleurs qu'on médite sur le réel à partir des cimetières. Souvenez-vous de la scène des fossoyeurs dans *Hamlet* : il est certain que la question du réel, sous la forme « être ou ne pas être », acquiert toute sa densité si l'on tient un crâne dans ses bras.

Le cimetière dont nous entretient Pasolini est très particulier – si vous allez à Rome, je vous recommande vivement de le visiter. C'est le cimetière où sont enterrés, en terre romaine, tous les gens qui durant leur vie n'étaient pas catholiques. Ce cimetière est ainsi le résultat d'une sélection religieuse des morts : le Vatican a demandé et obtenu qu'on n'enterre pas en terre supposée sainte des gens qui n'étaient pas de la bonne religion locale. Du coup, ce lieu rassemble, dans une remarquable fraternité post-mortem, les protestants, les musulmans, les juifs et les athées. C'est là qu'est enterré Gramsci, dans le secteur des non-croyants.

Il y a déjà là pour Pasolini un point de réel, qui est l'écart où se tient ce cimetière. Cet écart est comme le symbole d'un exil, un exil si tenace qu'il concerne aussi les morts. Or on peut soutenir que le réel est toujours dans la forme d'un exil, puisque, étant l'impossible ou le semblant dont il faut arracher le masque, y accéder suppose qu'on s'éloigne de la vie ordinaire, de la vie commune. Le réel n'est pas du tout ce qui structure notre vie immédiate, il en est au contraire, comme l'a admirablement vu Freud, le lointain secret. Et pour découvrir ce secret il faut sortir de la vie ordinaire, sortir de la caverne, Platon l'a dit une fois pour toutes. Mais tous ceux qui sont enterrés dans ce cimetière sont déjà sortis, déjà hors de la mort normale. On leur a concédé un petit bout exilé et non béni par le pape de cette terre sacrée.

La composition du réel, ici, engage un exil national : Gramsci n'est pas vraiment enterré en Italie, il est enterré dans un lieu proscrit, où résident principalement des étrangers, dont Shelley par exemple, le poète anglais, non loin de Gramsci. C'est au milieu de ce genre d'étrangers qu'on a mis Gramsci l'incroyant. Pasolini, proférant le poème devant la pierre tombale du communiste – une grande pierre nue – et lui parlant comme à un frère aimé, lui dit : « Il ne t'est aujourd'hui permis que de dormir en terre étrangère, toujours banni. » Tel est est l'exil national.

Mais il y a aussi un exil social, un exil de classe. Parce que le quartier dans lequel est installé ce cimetière est un quartier de villas occupées par de riches familles. Ainsi le grand communiste Gramsci repose non seulement au milieu d'une terre étrangère mais au milieu d'un quartier bourgeois caractérisé, et comme le lui dit magnifiquement Pasolini, « un ennui patricien t'entoure ».

Et enfin – c'est le plus important – il y a un exil historique. Gramsci a vécu pour que s'accomplisse le réel de l'Histoire. Il a vécu comme militant et dirigeant communiste au sens où il pensait que le moment était venu d'accomplir ce réel, ce qui voulait dire : rendre possible l'impossible, réussir en Italie, et dans le monde entier, une révolution prolétarienne. C'est évidemment à ce titre qu'il est, dans le cimetière même de son exil, visité et célébré. Il est frappant et émouvant de constater que la tombe de Gramsci est toujours couverte de fleurs. J'en ai fait l'expérience personnelle : c'est un moment intense de mon existence que d'avoir moi aussi, comme Pasolini, médité devant la tombe de Gramsci.

Mais voici le tournant du poème : tout cela, fleurs comprises, ne fait que souligner que Gramsci est tenu dans un exil historique. Pourquoi ? Parce que le réel dont il a soutenu sa vie, le réel de la révolution prolétarienne, s'est évanoui. Le réel même que Gramsci voulait faire advenir comme réel de l'Histoire, nous ne savons plus ce que c'est. Il a pris la forme de sa propre disparition.

Alors Pasolini va demander à Gramsci si, finalement, sa réduction à de simples cendres triplement exilées signifie qu'il faut renoncer à tout accès au réel. Je cite : « Me demanderas-tu, mort décharné, de renoncer à cette passion désespérée d'être au monde ? »

J'ai défini autrefois le xx^e^ siècle comme le siècle de la passion du réel. Nous y sommes ! C'est cette passion dont déjà au milieu du xx^e^ siècle, en 1954, Pasolini soupçonne poétiquement qu'elle a cessé de valoir, qu'elle ne nous anime plus, et que, réduit à l'exil de ses cendres, Gramsci nous dit : « J'ai voulu cela, mais je ne vous demande plus de le vouloir, je vous demande de renoncer à cette passion désespérée d'être au monde. »

Du coup le poème va s'organiser comme la description du monde contemporain – et cela va nous intéresser au plus haut point, bien que cela ait un demi-siècle d'âge. Pourquoi ? Parce que pour Pasolini, la caractéristique de notre monde, disons le monde « occidental », est d'être et de se vouloir abrité du tout réel. C'est un monde dans lequel le semblant a pris une telle vigueur que tout un chacun peut vivre, et finalement désire vivre, comme s'il était à l'abri de tout ce qui pourrait être un effet réel.

Si bien que, dans cette sorte de monde, si d'aventure le réel opère une trouée dans le semblant, on a tout de suite un désarroi subjectif total.

Le monde que nous décrit Pasolini est un monde orphelin de Gramsci, déserté de toute vocation à faire advenir le réel de l'Histoire. C'est un monde où règne ce que Pascal a appelé une fois pour toutes le *divertissement.* On devrait du reste dire aujourd'hui *entertainment* : « entertainment world ».

Pascal mériterait une longue incise : il est un magnifique théoricien de la question du réel. Si Pascal s'était soucié de pasticher Lacan, il aurait dit : le réel, c'est l'impasse de tout divertissement. Le réel surgit quand le divertissement est à bout de souffle, et ne parvient plus à nous mettre à l'abri d'un tel surgissement.

La thèse que formalisent en poème « Les cendres de Gramsci » est que, dans la société capitaliste triomphante, le divertissement est roi – un peu comme pour Debord il y a souveraineté du spectacle. Il n'y a que le divertissement. Il n'y a que le souci de se tenir aussi éloigné du réel que possible. De façon à cultiver, acheter, nourrir et perpétuer le semblant protecteur du sujet, quand il est citoyen de l'Occident impérial. Pasolini va appeler cette disposition subjective « remplacer la vie par la survie ». La survie a une définition précise : vous avez en effet renoncé à « la passion désespérée d'être au monde », vous ne pouvez plus que continuer le travail négatif du divertissement.

Mais entendons un peu la voix du poème, dans la traduction de José Guidi. Entendons le réseau d'images où se déplie la description de la vie à l'écart du réel, cette vie qui renonce à faire advenir le réel de l'Histoire, qui condamne Gramsci à l'exil de ses cendres, et qui, ce faisant, ne peut qu'être corrompue :

> [...] Et on sent bien que pour ces êtres
> vivants, au loin, qui crient, qui rient,
> dans leurs véhicules, dans leurs mornes
>
> îlots de maison où s'évanouit
> le don perfide et expansif de l'existence –
> cette vie n'est qu'un frisson ;
>
> présence charnelle, collective ;
> on sent l'absence de toute religion
> véridique ; non point vie, mais survie
>
> – plus joyeuse, peut-être, que la vie – comme
> en un peuple d'animaux, dont le secret
> orgasme ignore toute autre passion
>
> que celle du labeur de chaque jour :
> humble ferveur, que vient parer d'un air de fête
> l'humble corruption. Plus se fait vain
>
> – en cette trêve de l'histoire, en cette
> bruyante pause où la vie fait silence –
> tout idéal, plus se révèle

la merveilleuse et brûlante sensualité
presque alexandrine, qui enlumine
et illumine tout d'un feu impur, alors qu'ici

un pan du monde s'écroule, et que ce monde
se traîne dans la pénombre, pour retrouver
des places vides, de mornes ateliers.

Qu'est-ce que l'on trouve dans ce passage ? Tout d'abord que dans notre monde, la vie est dissipée. Dès lors que la vie n'est plus habitée et orientée par le projet de faire advenir son propre réel, elle est comme insaisissable, informe, désorientée. C'est une vie qui de divertissement en divertissement est une vie égarée, une vie qui prétend attribuer une valeur capitale à sa propre mise en pièces. Et c'est une vie qui du coup, c'est le deuxième point, est hantée par l'absence de toute vérité. La vérité est, pour Pasolini comme aussi pour moi, un mot qui peut venir à la place du mot « réel ». Quand Pasolini parle de l'absence de toute religion véridique, il ne fait pas allusion à une religion au sens habituel du terme. « Religion véridique » signifie simplement la conviction qu'une vérité est possible. Autrement dit, dans notre monde, la conviction que la tentative dont Gramsci est l'emblème – extorquer à l'Histoire son réel communiste – peut être continuée. C'est cette conviction, celle de Gramsci, dont le poème prononce qu'elle est désormais impossible. Il y a en troisième lieu l'idée que tout, dans l'ordre du semblant de vie qui nous tient lieu de vie, est ramené au couple du travail et de l'argent. Le mode propre à notre monde de dissipation de l'existence est le règne absolu du couple du travail et de l'argent. Le labeur de chaque jour d'un côté, l'humble ferveur, et de l'autre côté l'humble corruption.

« L'humble corruption » est une expression admirable, parce qu'elle nous indique qu'il y a, bien sûr, la corruption grandiose, la corruption spectaculaire, le banditisme chic de nos maîtres, la corruption omniprésente dont on nous offre de temps en temps le spectacle sous la forme, que j'ai commentée, du scandale, mais que ce n'est pas le plus important. Ce qui compte, ce qui règle le monde des sujets, c'est le consentement général à ce qu'il en soit ainsi. Et ça, le fait qu'en définitive tout le monde pense plus ou moins que ce qui importe est d'avoir l'argent nécessaire pour acheter ce dont on a envie, et que telle est le fondement inébranlable du monde tel qu'il est, ça, oui, c'est l'humble corruption. Celle que nous partageons tous, plus ou moins, et dont le scandale des corruptions mémorables n'est que l'exception qu'on prétend salvatrice.

Ce que nous enseigne indirectement Pasolini, c'est que si l'on donne de temps en temps en pâture de grands corrompus, c'est parce que ce qui compte, c'est la petite corruption. Ce qui est essentiel, c'est le fait que chaque subjectivité soit achetée par ce qu'on se propose de lui vendre. On peut sacrifier quelques grands corrompus : ça en vaut la peine, si pour ce maigre prix le système de « l'humble corruption », qui est aussi celui du divertissement, de la survie, de la vie abritée de tout réel, se perpétue.

La quatrième et dernière grande idée du fragment que je vous ai lu tient dans l'affirmation que, alors qu'un monde s'est écroulé, nous sommes, nous, dans une trêve de l'Histoire. C'est très important parce que c'est une question que nous avons de multiples raisons de nous poser. Dans quel moment vivons-nous ? Quel est notre site historique ? Ce que dès 1954 Pasolini proposait de dire, c'est que peut-être notre monde est intervallaire. Une première histoire n'est plus en état de faire valoir son réel, Gramsci est réduit à ses cendres, lui-même nous dit silencieusement : « Ne continuez pas ce que j'ai désiré faire. » Et puis, peut-être qu'une autre histoire va commencer, peut-être qu'autre chose advient, que nous sommes dans une autre figure de l'impasse de la formalisation, que c'est une autre étape qui va advenir, comme au-delà de l'arithmétique grecque il y a l'histoire moderne de la théorie des ensembles infinis. Le monde occidental de la démocratie, des classes moyennes, de la vie aisée et contente, de la survie dans le divertissement, de l'absence désirée de tout réel, ce monde ne serait qu'un moment plat de l'historicité, entre quelque chose qui est révolu et quelque chose qui va naître, et c'est finalement la raison pour laquelle ce monde « se traîne dans la pénombre, pour retrouver des places vides ». Description sévère mais juste. Se traîner pour trouver des places vides est bien ce que nous faisons tous, parce que nous sommes tous, à un degré ou à un autre, dans l'humble corruption. Dans notre monde intervallaire, vous ne pouvez en effet qu'errer jusqu'à ce que vous trouviez le petit coin vide dans lequel vous allez pouvoir installer votre humble corruption.

Vous voyez l'idée de Pasolini : Qu'est-ce que s'installer quand on a perdu toute conviction quant à la possibilité de faire advenir le réel de l'Histoire ? C'est cela que tente de décrire le poème. S'il n'y a plus aucune « religion véridique », alors que signifie vivre ? Que signifie s'installer dans l'existence ? Eh bien, finalement, s'installer dans l'existence c'est gérer, d'une manière ou d'une autre, l'humble corruption.

Tout cela va conduire le poème vers sa conclusion, que je vous lis :

> La vie est bruissement, et ces gens qui
> s'y perdent, la perdent sans nul regret,
> puisqu'elle emplit leur cœur. On les voit qui
>
> jouissent, en leur misère, du soir : et, puissant,
> chez ses faibles, pour eux, le mythe
> se recrée… Mais moi, avec le cœur conscient

de celui qui ne peut vivre que dans l'histoire,
pourrai-je désormais œuvrer de passion pure,
puisque je sais que notre histoire est finie ?

En cette fin du poème, Pasolini tranche, à sa manière, en faveur d'une fin de l'Histoire. Non pas du tout parce que cette histoire aurait comblé les vœux des hommes, mais tout au contraire parce que l'impuissance à les combler *dans l'ordre du réel* s'est installée, et que par conséquent la subjectivité fondamentale que le monde exige de nous, et que très largement il obtient, est une subjectivité de renoncement. Il nous faut absolument renoncer à quelque chose pour pouvoir nous tenir, comme de bons citoyens, devant la scintillation du marché mondial. En vérité, pour être un bon acheteur, il faut avoir renoncé à tout. À tout ce qui est réel. Si vous avez une aspiration véritable, une religion véridique, vous ne pouvez pas vous contenter de ce qu'on vous vend, et vous désirerez que se manifeste le réel dont cette offre de vente est le semblant. Et vous ne serez plus jamais le bon acheteur dont la machine impériale a absolument besoin.

Pasolini se demande alors si lui, personnellement, va pouvoir encore faire quelque chose, « œuvrer de passion pure » – on retrouve là la passion du réel – dès lors qu'il fait sienne la conviction négative que notre histoire est finie.

En somme, la passion du réel a bel et bien été la passion du XX^e siècle. Et c'est de la mort de cette passion que Pasolini nous entretient. Dès 1954, donc au milieu du XX^e siècle, un poète nous dit déjà que l'histoire de ce siècle, dans ce qu'elle avait de tendu, de mémorable, de fondamental, est terminée.

Dans la première moitié du XX^e siècle, des millions d'hommes ont partagé l'idée que l'Histoire allait accoucher de son réel. Et ils étaient prêts à payer le prix, fût-il exorbitant, de cette naissance. L'Histoire, grâce au terrible labeur de la conviction, allait accoucher d'un monde nouveau, qui serait le réel du monde ancien, exactement comme le nombre infini est le réel de l'arithmétique ordinaire. Ce qui dans le monde de la classe moyenne en proie à son divertissement paraît effroyable et scandaleux, le consentement à de terribles violences, des millions de gens ont pensé que cela en valait la peine, tout simplement. S'il s'agit d'aider à la naissance d'un monde nouveau qui sera ni plus ni moins l'accomplissement réel de l'Histoire tout entière, on ne va pas chicaner sur les violences et le nombre des victimes. Car il s'agit de rien de moins que d'une réponse enfin complètement positive à la seule question qui vaille, et qui est : L'impossible peut-il exister ? Exactement comme Cantor nous a légué ce que Hilbert considérait comme un nouvel Éden mathématique, à savoir une réponse rationnelle définitive à la question « L'infini peut-il exister ? ».

La passion du réel ne s'arrêtait pas devant les objections mineures, morales ou autres, tout simplement parce que c'était la passion que l'impossible existe. Elle ne pouvait donc pas se régler sur les lois ordinaires de la possibilité. C'est pour cela que le XX^e^ siècle a été un siècle héroïque. Sanglant, affreux, mais héroïque. De l'héroïsme de ceux qui affirment que l'impossible existe. Car c'est comme cela qu'on peut définir l'héroïsme : c'est toujours se tenir au point réel lui-même, se tenir là où l'impossible va être affirmé ou confirmé comme possible.

La fin de l'Histoire, au sens de Pasolini, c'est la fin de cette espérance. C'est la fin de l'Histoire comme un des noms possibles du réel. Et bien entendu, c'est la fin de l'héroïsme historique. La petite jouissance du sujet diverti de la classe moyenne exige absolument que rien d'héroïque n'arrive plus jamais.

Il y a probablement une leçon importante à tirer de la mélancolie poétique de Pasolini : il importe désormais de dissocier histoire et politique. Il est vrai, le XX^e^ siècle nous l'a appris, que la question du réel de l'Histoire n'est pas ce qui nous permet de garantir que perdure le réel de la politique communiste. Depuis Marx, on a eu l'idée que si on révélait le réel de l'Histoire, on aurait réellement un monde politique nouveau. Marx affirmait l'existence d'une science de l'Histoire, le matérialisme historique, mais il n'a jamais affirmé l'existence d'une science de la politique. En un sens, le matérialisme historique absorbait le réel de la politique, et la politique était soumise à l'Histoire. C'est de ce point que nous recueillons les cendres, avec le dialogue de Pasolini et de Gramsci.

Il faut peut-être dire aujourd'hui qu'en politique, le réel ne sera découvert qu'en renonçant à la fiction historienne, c'est-à-dire la fiction selon laquelle l'Histoire travaille pour nous. Si elle ne travaille pas pour nous, c'est-à-dire s'il n'y a pas de relation organique entre le réel de l'Histoire et l'épanouissement ou le développement d'une politique communiste – appelons-la comme cela –, alors il y a en effet la nécessité d'un renoncement limité. Mais ce renoncement ne s'étend nullement à l'action politique en général. Nous pouvons et nous devons répondre positivement à la question de Pasolini. Il nous dit : si l'Histoire, au sens de Gramsci et du XX^e^ siècle, est finie, est-ce que je peux encore œuvrer avec une « passion pure » ? Nous répondrons : oui ! Nous pouvons œuvrer avec passion, même si la fiction historienne est révolue, même si l'on sait qu'il n'est pas exact que les structures générales de l'Histoire et le réel de l'Histoire travaillent dans la direction de l'émancipation.

Évidemment, cela requiert une dissociation très difficile à conquérir entre l'espérance historique et l'obstination politique. L'obstination politique doit pouvoir se soutenir de l'absence de l'espérance historique. Si nous y parvenons, nous aurons rendu justice aux cendres de Gramsci. Nous aurons réellement entendu ce qu'il avait à nous dire, sous la forme que Pasolini lui donne, et qui est en substance : « Renoncez à la fiction historienne. » Mais nous n'aurons pas besoin de partager la nostalgie amère de Pasolini. Lui, en effet, n'est pas du tout sûr de pouvoir accepter le renoncement à l'histoire. Il se demande : Puis-je encore œuvrer poétiquement, si ce grand rêve d'une Histoire qui travaille dans la direction de l'émancipation de l'humanité s'avère à son tour étranger à tout réel ?

Quant à nous, plus de cinquante ans après Pasolini, nous pouvons, me semble-t-il, formuler trois directives.

La première est d'arracher le masque du semblant démocratique. Ce qui veut dire : expérimenter, sous l'Idée du communisme, des formes démocratiques complètement différentes. Il faut se soustraire à la propagande selon laquelle que le seul contraire de la démocratie existante, que je nomme le capitalo-parlementarisme, est un totalitarisme bestial. En réalité la démocratie existante a comme contraire – revenons à notre sujet – une démocratie *réelle*. Le contraire « totalitaire » n'a nul autre usage que de légitimer le semblant démocratique dont le réel est le capitalisme impérial. Quant au réel, le moment est venu d'une expérimentation démocratique de type nouveau, qui a commencé depuis toujours, depuis Spartacus, Thomas Münzer, les sans-culottes, la

Commune de Paris, les soviets, la Révolution culturelle en Chine, mais qui doit maintenant se coordonner, se rassembler, être sûre d'elle-même, se penser, avoir son corps de doctrine, et qui, dès le début et avec constance, doit se présenter comme explicitement opposée au semblant démocratique qui n'est que le masque derrière lequel se trouve le réel du capitalisme mondialisé. C'est un premier geste.

Le deuxième geste, c'est de formaliser pour notre propre compte le capitalisme contemporain. Je veux dire qu'il faut inventer et trouver des formalisations consistantes du capitalisme et de l'impérialisme tels qu'ils sont aujourd'hui. Car l'exactitude d'une formalisation prépare à la détermination agissante de son point d'impossible propre, et donc de son réel. Nous savons de façon très générale que l'égalité est le point d'impossible propre du capitalisme. Mais les méthodes organisées pour se tenir aussi près que possible de ce point d'impossible, la nature des événements locaux qui le font surgir comme possibilité, tout cela varie selon les circonstances et les étapes du capitalisme et de l'impérialisme. Le mode sur lequel l'égalité est impossible n'est pas le même en 1840 et aujourd'hui.

Et enfin, il faut proposer un bilan du XX^e^ siècle, c'est-à-dire, si vous voulez, un bilan du renoncement dont s'inquiète Pasolini – le renoncement à l'essence progressiste de l'Histoire – qui soit un bilan de renoncement fait du point de vue de qui ne renonce pas. Il faut renoncer sans renoncer. Il faut renoncer à la croyance en un travail de l'Histoire qui serait par lui-même et de façon structurale orienté vers l'émancipation. Mais il faut néanmoins continuer à affirmer que c'est bien au point d'impossible de tout cela que se situe la possibilité de l'émancipation. En ce sens, quelque chose du XXe siècle va quand même se poursuivre. Nous ne pouvons pas accepter que tout cela soit jeté aux orties et souffler sur ce point dans les mêmes trompettes que nos adversaires. Il faut proposer un bilan du XXe siècle qui soit comme un appareil à filtrer dans ce qui a eu lieu cela même qui ne pouvait pas avoir lieu, qui était en impasse.

Tout ce travail, de pensée et d'action, tourne autour du rapport historique entre réel et destruction. Parce qu'il y a eu un prix terrible à payer pour cette idée enthousiasmante selon laquelle l'Histoire travaille pour nous, pour l'émancipation de l'humanité. Ce prix vient de ce qu'en vérité, l'Histoire ne travaillait pas spécialement pour l'émancipation de l'humanité, et que donc, pour garder l'idée enthousiasmante, il fallait la forcer à le faire. Il fallait accoucher son réel supposé qui était le travail dans le sens de l'émancipation. C'est pourquoi l'atmosphère politique générale doublait l'enthousiasme d'un marécage de suspicion, de délation, et instaurait l'omniprésence de la catégorie de suspect et ce, dès la Révolution française. Parce que si l'Histoire ne travaille pas pour nous, alors qu'en principe elle le doit, c'est qu'il y a des saboteurs. Il y avait donc des saboteurs de l'Histoire, et saboter une Histoire qui va dans les sens de l'émancipation est quand même un crime considérable. C'est pourquoi on a massacré en masse des « suspects » de tous calibres. Et cela n'a pas du tout été le résultat d'une folie sanguinaire ou d'une ignorance barbare des supposés « droits de l'homme », mais l'effet d'un dispositif cohérent de la rationalité dialectique. Donc c'est bien ce dispositif d'ensemble qu'il faut remanier, à partir d'une nouvelle conception du réel qui ne prétend pas que l'Histoire en est la servante.

Une variante de la position subjective, dont nous cherchons à tirer d'importantes leçons négatives, peut se formuler ainsi : puisque l'Histoire doit accoucher d'un monde émancipé, on peut sans états d'âme accepter et même organiser une destruction maximale. C'est ce que j'appelle le phénomène de la destruction historique. Puisque c'est l'Histoire qui doit accoucher d'un monde politique nouveau et salvateur, il n'est pas étonnant que les destructions soient à l'échelle de l'Histoire.

Au niveau des abstractions dialectiques, cette thèse prend la forme simple que voici : la négation porte l'affirmation. La destruction est l'accoucheuse de la construction. C'est une conviction très ancrée dans le XX^e siècle, et qui donne à l'enthousiasme révolutionnaire sa touche de férocité inutile : les principes réels du monde émancipé surgiront de la destruction du vieux monde. Mais c'est inexact, et cette inexactitude entraîne que la destruction du vieux monde occupe une place disproportionnée, et que la lutte pour venir à bout de ce vieux monde jusqu'à en extraire les principes du nouveau est infinie, interminable.

Donc je pense qu'il faut remplacer cette dialectique négative par une dialectique affirmative. Il faut renoncer à l'idée que la négation porte l'affirmation, idée qui n'était que la forme logique d'une espérance enthousiasmante qu'adviendrait ainsi l'accouchement forcé d'un réel de l'Histoire. En réalité, on l'a vu au XX^e siècle, la négation porte la négation, elle engendre incessamment d'autres négations. Il faut affirmer que l'usage de la négation, s'il est inévitable, doit être sévèrement contrôlé, et tenu en lisière par la puissance préalable d'une affirmation. Et pour cela, il faut se situer à un autre point d'impossible que celui qu'on suppose à l'Histoire. Cela donnera pendant tout un temps aux nouveautés politiques un caractère inévitablement local. Nous aurons des expérimentations locales, qui peuvent être de grande importance, de grande envergure, et dans lesquelles c'est à partir d'un principe affirmatif interne à ce qui se passe, interne aux acteurs de la situation concernée, à ce qu'ils pensent, à ce qu'ils discutent, à ce qu'ils font, que sera définie la norme de la négation, et par conséquent sa limite. C'est tout cela, qui relève du style militant des politiques communistes à venir, qui permettra de renoncer aux destructions historiques.

Je voudrais conclure en disant que la clef de l'accès au réel est à la fin des fins la puissance d'une dialectique affirmative. C'est précisément de cette dialectique que Pasolini fait le portrait dans un autre poème, qui s'appelle « Victoire ». Vous allez voir qu'il dit ce que je viens de redire autrement, mais avec une sorte de mélancolie que nous devons surmonter. Dans cet immense poème, Pasolini parle à nouveau de celui qui essaie de garder la passion du réel dans les conditions du renoncement, les conditions de ce que Pasolini appelle la fin de l'Histoire. Cet homme, en fait Pasolini lui-même, est orphelin de l'Histoire et cependant il essaie de garder la passion du réel. Voici comment le poème le décrit :

> Mais lui, héros désormais déchiré, ne trouve plus,
>
> Désormais, la voix qui touche le cœur :
> Il s'en remet à la raison qui n'est pas raison,
> à la sœur triste de la raison, celle qui cherche
>
> à saisir ce qu'il y a de réel dans le réel, avec une passion
> qui se refusera toute témérité, tout extrémisme.

C'est ce qu'il nous faut : une raison qui fait le deuil de l'historicité favorable, qui demeure cependant dans la passion du réel, qui cherche dans l'expérimentation politique locale à saisir ce qu'il y a de réel dans le réel et qui se garde de l'extrémisme destructeur.

Je ne pense pas – et ce sera mon seul point de divergence avec Pasolini – que cette sœur affirmative de la dialectique négative soit par elle-même triste. On sent bien que chez Pasolini, cette sœur de la raison qu'il propose – et qui est bien la raison affirmative – est une sœur triste, parce que pour lui, renoncer à la grâce d'une Histoire favorable est terrible. Mais aujourd'hui, nous devons être convaincus qu'en dépit des deuils que la pensée nous impose, chercher ce qu'il y a de réel dans le réel peut être, est, une passion joyeuse.

DU MÊME AUTEUR

## PHILOSOPHIE

*Le Concept de modèle*, Maspero, Paris, 1969 ; rééd. Fayard, Paris, 2007.

*Théorie du sujet*, Le Seuil, Paris, 1982.

*Peut-on penser la politique ?*, Le Seuil, Paris, 1985.

*L'être et l'événement*, Le Seuil, Paris, 1988.

*Manifeste pour la philosophie*, Le Seuil, Paris, 1989.

*Le Nombre et les nombres*, Le Seuil, Paris, 1990.

*Conditions*, Le Seuil, Paris, 1992.

*L'Éthique*, Hatier, Paris, 1993 ; rééd. Nous, Caen, 2003.

*Deleuze, « la clameur de l'être »*, Hachette Littératures, Paris, 1997 ; rééd. Fayard, 2013.

*Saint Paul, la fondation de l'universalisme*, PUF, Paris, 1997.

*Court traité d'ontologie transitoire*, Le Seuil, Paris, 1998.

*Petit manuel d'inesthétique*, Le Seuil, Paris, 1998.

*Abrégé de métapolitique*, Le Seuil, Paris, 1998.

*Le Siècle*, Le Seuil, Paris, 2005.

*Logiques des mondes*, Le Seuil, Paris, 2006.

*Petit panthéon portatif*, La Fabrique, Paris, 2008.

*Éloge de l'amour* (collab. N. Truong), Flammarion, Paris, 2009.

*Second manifeste pour la philosophie*, Fayard, Paris, 2009.

*L'antiphilosophie de Wittgenstein*, Nous, Caen, 2009.

*Le fini et l'infini*, Bayard, Montrouge, 2010.

*Il n'y a pas de rapport sexuel. Deux leçons sur « L'Étourdit » de Lacan* (collab. B. Cassin), Fayard, Paris, 2010.

*Heidegger. Le nazisme, les femmes, la philosophie* (collab. B. Cassin), Fayard, Paris, 2010.

*La Philosophie et l'événement : entretiens avec Fabien Tarby*, Germina, Meaux, 2010.

*La Relation énigmatique entre politique et philosophie*, Germina, Meaux, 2011.

*Entretiens. 1981-1999*, Nous, Caen, 2011.

*La République de Platon*, Fayard, Paris, 2012.
*Jacques Lacan, passé, présent : dialogue avec Élisabeth Roudinesco*, Le Seuil, Paris, 2012.
*L'Aventure de la philosophie française depuis les années 1960*, La Fabrique, Paris, 2012.
*Pornographie du temps présent*, Fayard, Paris, 2013.
*Le Séminaire. Lacan. L'antiphilosophie 3, 1994-1995*, Fayard, 2013.
*Le Séminaire. Malebranche. L'être 2. Figure théologique, 1986*, Fayard, 2013.
*Le Séminaire. Images du temps présent, 2001-2004*, Fayard, 2014.
*Le Séminaire. Parménide, L'être 1. Figure ontologique, 1985-1986*, Fayard, 2014.
*Métaphysique du bonheur réel*, PUF, Paris, 2015.

## ESSAIS CRITIQUES

*Rhapsodie pour le théâtre*, Imprimerie nationale, Paris, 1990 ; rééd. PUF, Paris, 2014.
*Beckett, l'increvable désir*, Hachette Littératures, Paris, 1995.
*Cinéma*, Nova Éditions, Paris, 2010.
*Cinq leçons sur le cas Wagner*, Nous, Caen, 2010.
*Éloge du théâtre* (collab. N. Truong), Flammarion, Paris, 2013.

## LITTÉRATURE ET THÉÂTRE

*Almagestes*, prose, Le Seuil, Paris, 1964 ; rééd. 2014.
*Portulans*, roman, Le Seuil, Paris, 1967 ; rééd. 2014.
*L'Écharpe rouge*, roman opéra, Maspero, Paris, 1979.
*Ahmed le subtil*, farce, Actes Sud, Arles, 1994.
*Ahmed philosophe*, suivi de *Ahmed se fâche*, théâtre, Actes Sud, Arles, 1995.
*Les Citrouilles*, comédie, Actes Sud, Arles, 1996.
*Calme bloc ici-bas*, roman, POL, Paris, 1997.
*La Tétralogie d'Ahmed*, Actes Sud, Arles, 2010.

ESSAIS POLITIQUES

*Théorie de la contradiction*, Maspero, Paris, 1975.
*De l'idéologie* (collab. F. Balmès), Maspero, Paris, 1976.
*Le Noyau rationnel de la dialectique hégélienne* (collab. L. Mossot et J. Bellassen), Maspero, Paris, 1977.
*D'un désastre obscur*, L'Aube, La Tour-d'Aigues, 1991.
*Circonstances 1. Kosovo, 11 septembre, Chirac-Le Pen*, Leo Scheer, Paris, 2003.
*Circonstances 2. Irak, foulard, Allemagne-France*, Leo Scheer, Paris, 2004.
*Circonstances 3. Portées du mot « juif »*, Leo Scheer, Paris, 2005.
*Circonstances 4. De quoi Sarkozy est-il le nom ?*, Lignes, Paris, 2007.
*Circonstances 5. L'hypothèse communiste*, Lignes, Paris, 2009.
*Circonstances 6. Le réveil de l'Histoire*, Lignes, Paris, 2011.
*Circonstances 7. Sarkozy, pire que prévu. Les autres, prévoir le pire*, Lignes, Paris, 2012.
*Démocratie, dans quel état ?* (en collab.), La Fabrique, Paris, 2009.
*L'Explication : conversation avec Aude Lancelin et A. Finkielkraut*, Lignes, Paris, 2010.
*L'Idée du communisme, 1* (en collab.), Lignes, Paris, 2010.
*L'Idée du communisme, 2* (en collab.), Lignes, Paris, 2011.
*L'Antisémitisme partout. Aujourd'hui en France* (collab. É. Hazan), La Fabrique, Paris, 2011.
*Les Années rouges*, Prairies ordinaires, Paris, 2012.
*Controverse. Dialogue avec Jean-Claude Milner sur la philosophie et la politique de notre temps* (collab. Ph. Petit), Le Seuil, Paris, 2012.
*Que faire ? Dialogue avec Marcel Gauchet sur le communisme, le capitalisme et l'avenir de la démocratie*, Philosophie éditions, Paris, 2014.
*Entretien platonicien* (collab. M. Kakogianni), Lignes, Paris, 2015.

*Mise en pages PCA*
*44400 Rezé*

69.5580.2/02
Achevé d'imprimer en février 2015
par La Nouvelle Imprimerie Laballery (Clamecy, France).
Dépôt légal : février 2015
N° d'impression : 502248

Fayard s'engage pour
l'environnement en réduisant
l'empreinte carbone de ses livres.
Celle de cet exemplaire est de :
0,250 kg éq. $CO_2$
Rendez-vous sur
www.fayard-durable.fr